역시나 실망시키지 않는 글이다. 『1세기 교회 예배 이야기』가 초대교회가 어떻게 모여서 어떤 삶을 살았는지를 성경 신학적, 고고학적, 사회학적 상상력에 기초하여 그려냈다면, 이 책은 1세기 그리스도인의 하루 일상을 같은 방식으로 세밀하게 그려낸다. 첫 책이 교회의 본질을 잃어버려 제도 종교가 되어 버린 그리스도인들의 눈을 뜨게 해주었다면, 이 책은 신앙과 일상이 분리된 이원론을 별 고민 없이 받아들이는 현대 그리스도인들에게 다양한 문제를 제기한다. 이 짧은 책에서 다루는 수많은 주제가 예수의 가르침을 일상 속에서 살아내려는 초대교인들의 삶의 방식이라는 것을 독자들이 알아채기를 바란다. (수십 가지가 넘는 주제들을 찾아보라!) 더 나아가 21세기 우리 삶의 현장에서 이처럼 치열하게 고민한다면 얼마나 좋을까? 이 책은 단지 한 인물의 짧은 하루를 다루는 것이 아니라, 그리스도인의 전 생애를 통해 살아내야 할 삶 전체를 다루고 있다 해도 과언이 아니다!

김형국 나들목지원센터 대표, 하나님나라복음DNA네트워크 대표

성서는 이론의 텍스트이기 전에 삶의 텍스트다. 우리는 성서를 교리를 끌어내는 보고로 사용했지, 그 신앙이 만들어 낸 삶에 대해서는 무관심했다. 뱅크스는 사회사적 연구를 통하여 그 삶의 실체에 바짝 다가서도록 우리를 이끌어 준다. 예수를 믿고 난 이들의 일상이 어떻게 변했는지를 면밀히 살피면서 복음이 무엇인지 깊이 성찰하도록 돕는다. 이 책을 우리 교회 제자훈련 필독서로 삼을 것이다.

박영호 포항제일교회 담임목사, 전 한일장신대 신약학 교수

그리스도인(Christian)이 '그리스도에게 속한 사람'이라는 사실을 하루 일상을 통해 가장 명확하고 이해하기 쉽게 설명해 주는 책이다. 우리의 하루는 어떠한가? 하루 중 만난 사람들과의 대화, 소비 행위, 정치적 선택 등은 우리 신앙을 나타내는 표지다. 그리스도인이라고는 하지만 실상은 '실천적 무신론자'로 살아가는 우리에게 진정한 믿음과 십자가를 따르는 제자의 삶이 무엇인지 가르쳐 준다. 우리의 삶과 일이 예배의 일환이며, 우리 자신이 교회임을 사실적으로 그려 준다.

이진오 세나무교회 담임목사, 건강한작은교회동역센터 공동대표

1세기 그리스도인의 하루 이야기

IVP(InterVarsity Press)는
캠퍼스와 세상 속의 하나님 나라 운동을 지향하는
IVF(InterVarsity Christian Fellowship)의 출판부로
생각하는 그리스도인을 위한 문서 운동을 실천합니다.

A Day in the Life of an Early Christian: A Personal Record
(A sequel to *Going to Church in the First Century*)
Copyright © 2018 by Robert Banks
Translated and published by permission of Robert Banks
All rights reserved.

Korean Edition © 2018 by Korea InterVarsity Press
156-10 Donggyo-Ro, Mapo-Gu, Seoul 04031, Korea

1세기 그리스도인의 하루 이야기

어느 회심자의 평범한 일상

로버트 뱅크스 | 신현기 옮김

lvp

차례

한국어판 서문　9

몇 년 뒤 푸블리우스　11
우리 가족　14
하루 일과를 시작하다　17
업무를 개시하다　22
아침나절의 광장　25
목욕탕에서 만난 사람들　30
종과 주인이 함께하는 점심 식사　35
학교생활과 자녀 교육　37
저녁 식사에 초대받다　43
우상에 바친 고기　48
로마 화재 사건과 네로　53
비즈니스 이야기　58
후기　60

일상을 세우는 책들　64
일상어 목록　66
주　68
역자 후기　69

한국어판 서문

언젠가 『1세기 교회 예배 이야기』 속편을 써서 초기 그리스도인들이 교회 모임 밖에서 어떻게 살았는지를 보여 주고 싶었다. 다른 신들을 믿고 다른 가치에 따라 행동하는 사회 속에서 예수님의 첫 번째 제자들은 어떻게 자신의 신앙을 살아냈을까? 그리스도인들이 궁극적으로 '세상을 뒤엎을' 수 있었던 것은 그들이 매일매일의 활동 속에서 구별된 삶의 방식을 개발했기 때문이었다.

전편의 이야기를 잇는 최선책은 주인공 푸블리우스의 전형적 하루 일상을 통해 그에게 무슨 일이 일어났는지를 묘사하는 것이다. 사건은 몇 년 뒤에 또다시 로마에서 벌어진다. 원래 이야기의 몇몇 인물들이 재등장한다. 현실성을 더하기 위해 당시 일상생활의 면면을 보여 주는 그림을 실었다.

『1세기 그리스도인의 하루 이야기』가 가장 먼저 한국 IVP에서 출판된다는 사실이 기쁘기 그지없다. 이 이야기를 통하여 1세기 그리스도인들의 삶과 세상에 대한 신선한 통찰을 얻을 뿐 아니라, 독자들 역시 1세기 믿음의 선진들처럼 21세기 오늘의 세계에 유사한 영향을 미치기를 소망한다.

로버트 뱅크스
2018년 8월

몇 년 뒤 푸블리우스

나를 기억할 것이다. 내 이름은 푸블리우스. 여러 해 전에 이곳 로마에 있는 새로운 형태의 종교 모임을 방문한 이야기를 쓴 적이 있다. 몇몇 이유로 그 이야기는 사람들의 관심을 끌었고, 다른 언어로 번역되기까지 했다. 이따금씩 로마에 사는 친구들은 내게 로마를 방문한 뒤에 무슨 일이 일어났는지 묻곤 했다. 내가 실제로 그 모임의 일원이 되었다는 소식을 듣자 친구들은 그 이야기를 더 알고 싶어 했다.

여러분에게 크게 와닿지 않을 수도 있겠지만, 그들의 신이 어떤 점에서 내게 매력적이었는지 설명해 보려고 한다. 처음에는 신에 대한 그들의 말이 도무지 미더워 보이지 않았다. 예컨대, 다른 신들의 도움일랑 아예 없이 달랑 자기 혼자 온 우주를 만들었다는 생각 말이다. 한술 더 떠, 그의 아들은 인간이 되었지만 정작 자신의 조력으로 만든 바로 그 피조물에게 거부당했고, 심지어 그들에게 죽임까지 당했지만 다시 살아나서 자기를 믿는 사람들 앞에 나타났다는 생각은 또 어떤가. 그런데 내 상상력이 점점 더 이 모든 생각에 사로잡힐수록, 우스꽝스럽기도 하고 티격태격하는 우리 민족 신들의 모습이 점점 더 지어낸 이야기처럼 보일 뿐이었다. 그러던 내게 결정적 한 방이 있었다. 이 신을 믿고 그와 관계를 맺음으로써, 그 집단에 속한 사람들의 삶이 어떻게 변화되었는지가 보였던 것이다.

이 모두가 너무 부담스러울 수 있겠지만, 여러분만 그런 건 아니다. 심지어 몇몇 동료들은 내가 이성을 상실했다고 생각한다. 살짝 호기심을 보이는 이들도 있다. 하지만 대부분의 사람들이 내가 새로운 종교 운동에 붙들린 것에 대해 어리둥절해한다. 더러는 내게 거리를 두거나 나를 피하기 시작했는데, 일가친척 가운데도 그런 사람이 있다. 이러한 반응을 전혀 예측하지 않은 건 아니었지만, 내게 소중한 사람들의 존중과 우정을 잃는다는 건 쉽지 않았다. 그러나 아무 희생 없이 이 새로운 도에 귀의할 수 있으리라고는 결코 기대하지 않았다. 분명 그 **창시자**도 마찬가지였으리라!

내가 이 운동에 가담한 것이 나의 직계가족에게 어떤 영향을 미쳤을지 궁금할 것이다. 아내 유니아에게 이 소

동료들은 내가 이성을 상실했다고 생각한다

식을 알렸더니, 아내는 이미 자기 친구에게 그 소식을 들었으며 지금은 자기도 좀더 알고 싶은 관심이 생겼다는 말로 오히려 나를 놀래켰다. 우리 집 노예들은 모임에 와 보고 싶어 했다. 특히 그 모임에서는 그들 같은 사람을 환영했고, 그들에게 모임의 일원이 될 기회를 온전히 제공했기 때문이다. 당시만 해도 아직 십대가 채 되지 않은 우리 아이들은 별생각 없이 우리와 동행했다. 몇 달 지나지 않아 모두가 그 도를 따르는 제자가 되겠노라는 열망을 밝혔고, 티베르강에서 세례를 받음으로써 이를 공적으로 드러냈다.

> 모두가 그 도를 따르는 제자가 되겠노라는 열망을 밝혔다

비교적 최근에 회심한 사람인지라 애당초 나는 내가 그 도에 가담한 이야기에 대해 더 자세히 알려달라는 사람들의 요청에 제대로 답할 자격이 없다고 느꼈다. 그래서 이 운동을 내게 처음 소개해 준 친구 글레멘드와 유오디아에게 말했다.

"도에 대해 아직 모르는 부분이 너무 많고, 난 여전히 아주 불완전한 제자라네."

그러자 글레멘드가 말했다. "물론 그럴 수도 있겠지. 하지만 사람들은 자네에게 관심이 있고, 자네가 글을 썩 잘

쓴다는 사실은 이미 증명되었다네."

"글쎄, 완전히 설득된 건 아니네만, 시도는 한번 해 보겠네. 어쨌든 나를 위해 기도해 주게. 얻을 수 있는 도움은 뭐든 필요하다네!"

우리 가족

나의 새로운 신앙이 내게 어떤 영향을 미쳤는지 설명할 최선의 방법은 가족과 일과 사회생활이 뒤섞인 아주 전형적인 하루를 묘사하는 것이다. 내가 택한 하루는 우리가 사는 도시에서 거의 한 주 동안이나 급속히 번진 끔찍한 화재 사건 바로 다음 날이었다. 화재가 끼친 무시무시한 결과에도 불구하고, 이로 인해 내가 진술할 날이 여느 날과 전혀 다른 날이 되는 것은 아니었다. 우리에게 재난은, 특히 화재나 기근은 드문 일이 아니었다. 사실, 많은 가난한 사람과 노예들에게 재난은 하나의 일상사였다. 그들의 생활 조건과 잦은 굶주림 그리고 질병에 노출되어 있는 상황을 고려하면 말이다. 로마의 전형적 하루

> 나의 새로운 신앙이 내게 어떤 영향을 미쳤다

에는 언제나 그날의 도전이 있게 마련이다.

내 이야기를 소개하기 위해서는 우리 가족의 배경에 대해 조금 말할 필요가 있다. 나는 발레리아누스 가문이라는 자랑스러운 혈통이다. 기사 계급에 속한 많은 사람들처럼 우리 가문은 우리 도시에서 존경받는 기사단 일원의 후손이다. 아우구스투스 황제 시대에 우리 가족은 군사적 이해관계 때문에 사업 쪽으로 전환했는데, 부분적으로는 해외 근무를 하는 동안 맺어진 관계가 기반이 되었다. 나는 이 일을 계속 이어 갔고 꽤 성공했다. 물론 원로원 계급으로부터 크게 주목받을 정도는 아니었다.

아내 유니아와 함께한 지도 거의 스무 해가 되었다. 유니아는 우리 결혼이 성사되는 데 도움이 된 평판 좋은 집안 출신이다. (우연히도 아내는 우리 도시에서 도를 따르는 지도자들 가운데 한 사람과 이름이 같다. 그 사람은 마을 저편에 있는 다른 모임을 공동 주관한다.) 우리에게는 누기오라는 아들과 쿠미아라는 딸이 있다. 둘 다 성년이 되어 가고 있다. 연로하신 부모님이 한때 우리와 함께 사셨는데, 두 분이 돌아가신 후로는 남편을 여읜 숙모 드루보사가 우리 집에서 함께 지내신다. 또한 노예도 셋이 있다. 암비오와 그

의 부인 파우스타와 그들의 작은 딸 그리고 아직 미혼인 탈루스가 그들이다. 이상이 우리의 소중한 가족이다. 여러 해 전에 해방시킨 몇몇 노예는 여전히 우리 확대가족에 속해 있다. 오랫동안 우리와 사업 관계를 유지하고 있는 여러 고객이 그런 것과 마찬가지다.

우리는 도시 내 쾌적한 지역에 빨간 기와집 한 채를 소유하고 있다. 벽돌을 주재료로 사용한 적당한 크기의 집으로, 팔라티노 언덕에 있는 대저택과는 다르다. 현관을 지나자마자 나오는 작은 방 둘 가운데 하나는 사무실

이상이 우리의 소중한 가족이다

로 사용하고, 다른 하나에는 사업 관련 자재를 쌓아 두었다. 집 중앙에 있는 작은 마당을 빙 둘러 우리 가족의 침실들과 잘 갖춘 부엌이 배치되어 있다. 뒤뜰에는 작은 정원이 있고, 노예들을 위해 작은 침실 둘을 건축해 놓았다. 이는 그들이 안마당 바닥에서 잘 필요가 없다는 뜻이다. 다른 집에서는 흔히 그렇게들 한다. 도시의 빈민 지역에 있는 조악한 6층짜리 공동주택에서 많은 사람들이 빽빽하게 끼어 사는 것에 비하면 우리는 썩 괜찮은 셈이다.

하루 일과를 시작하다

우리는 보통 동트기 전에 일어난다

우리는 보통 동트기 전에 일어난다. 언제나 아침 식사가 우선이다. 빈속으로는 많은 일을 하지 못한다. 일찌감치 일어나 식사 준비를 하는 노예들이 생선 몇 마리와 꿀로 단맛을 가미한 약간의 과일과 채소, 갓 구운 빵을 차려낸다. 과거에 그랬던 것처럼 신전 앞에서 가정 신들에게 경배하는 대신, 식사를 앞에 두고 잠시 멈추어 간밤에 주신 단잠과 우리 앞에 차려진 음식과 마실 것, 오늘 허락

하실 일들에 대해 하나님께 감사한다. 우리 신앙의 창시자이신 예수님이 말씀하신 대로 "하나님이 그 해를…비추시며", 시편 기자가 말하는 대로 "여호와께서 그의 사랑하시는 자에게는 잠을 주시는도다."

때때로 우리 아이들이 침대에서 늑장부리는 게 보이더라도 놀랄 일은 못 된다. 특히 누기오가 유별난 편으로, 해가 뜨면 학교에 가야 하는데도 그런다. 그 아이는 가끔 아침을 거른 채 등굣길에 빵집에서 뭔가를 사들고 간다. 우리도 이를 탐탁잖아 하거니와 아이 선생님도 지각생을 꾸중하는 것을 싫어하기 때문에, 아이가 제시간에 맞춰 학교에 도착하면 좋겠다. 그러나 학교에 늦는다 하더라도, 우리는 누기오가 길거리에서 때우는 패스트푸드에 대해서도 하나님께 감사하는 것을 잊지 말라고 당부한다.

쿠미아는 훈련이 더 잘 되어 있다. 대개 일찍 일어나는 드루보사 숙모와 마찬가지로 보통 우리와 함께 아침 식사 자리에 합류한다. 지금은 탈루스가 집안에서 쿠미아를 가르치고 있지만, 내년에는 쿠미아를 누기오가 다니는 학교에 보내기로 결정했다. 쿠미아 또래의 여자아이에게는 이례적이지만, 우리는 쿠미아가 자기 오빠와 같은 교육을 받아야 한다고 느낀다. 그러면 우리에게 무슨 일이 일어나더라도 쿠미아는 중매결혼에 덜 의존할 것이고, 더 폭넓은 기회를 누리게 될 것이다. 남편과 함께 우리의 주간 제자 모임을 공동 주관하는 브리스길라가 이러한 결정을 내리는 데 한몫했다. 브리스길라는 뛰어난 인물이다. 이는 기품 있는 훈육뿐 아니라 폭넓은 지식 때문이기도 하다. 우리가 모임에 가담하자마자 우리 딸은 그녀를 좋아하기 시작했고, 우리가 애칭으로 브리스가라 부르는 그녀는 우리 딸에게 친절히 대해 주었다. 브리스가가 정식 교육을 받았음을 쿠미아가 알게 되고, 우리의 새로운 신앙이 여자아이를 남자아이와 마찬가지로 신에게 동등하게 중요한 존재로 본다는 사실을 우리가 깨달았을 때, 우리는 쿠미아를 자기 오빠처럼 학교에 보내기로 결정했다.

다음으로 할 일은 옷 입기다

하루 일과에서 다음으로 할 일은 옷 입기다. 기사인 나는 계절에 따라 린넨이나 모직으로 만든 단출한 흰색 상의 튜닉을 걸치는데, 좁은 보라색 줄무늬가 장식되어 있다. 이 옷은 간편해서 특별한 행사가 있을 때 입어야 하는 토가보다 실용적이다. (8미터나 되는 토가는 꽤 거추장스러워서, 늘상 이 옷을 입어야 하는 원로원 의원들이 나는 전혀

부럽지 않다.) 그런 다음 내 지위를 상징하는 반지를 끼고, 걷기에 편한 가죽 신발을 착용한다. 면도는 흔히 하루 중 느지막이 이발소에서 하는데, 굳이 면도할 필요가 없으면 조금 남겨 둔 수염을 대충 빗고 만다. 이로써 모든 채비가 끝난다.

아이들도 옷 입는 데 시간이 별로 걸리지 않는다. 누기오는 진홍색 테두리가 있는 무릎까지 내려오는 단출한 튜닉을 걸친다. 열여섯 살 생일을 맞는 내년에 시민이 되면, 이 옷을 팔아 전체가 흰색인 튜닉을 사 입을 것이다. 쿠미아 또한 장식용 벨트가 달린 간단한 튜닉을 걸친다. 도를 따르는 제자가 된 후 아이들의 복장에 준 주요한 변화는 로마의 '드림 장식'을 제거한 것이다. 이것은 목걸이 같은 것에 다는 펜던트 형태의 작은 갑이다. 그 속에는 로마의 모든 어린이가 시민이 되거나 결혼할 때까지 악으로부터 자신을 보호하려고 착용하는 액막이가 들어 있다. 이제 우리 아이들은 더 위대하신 하나님의 영이 지켜 주시니 부적 같은 건 필요 없다.

유니아는 아주 반짝이는 금속 거울 앞에서 옷 입는 시간이 더 오래 걸린다. 유니아는 맵시 있게 보이는 것들

이제 우리
아이들은
더 위대하신
하나님의 영이
지켜 주신다

을 착용하고 작은 장신구를 부착하고 머리를 매력 있게 손질하기를 좋아한다. 그날 유니아는 자신이 좋아하는 숄 가운데 하나인 파란색 팔라를 입고 나타났다. 결혼 초기만 하더라도 아내는 로마의 최고 디자이너 상표가 붙은 값진 옷감으로 만든 옷과 희귀한 금속과 진주로 꾸민 액세서리, 보석 머리핀을 꽂은 아주 세련된 헤어스타일을 좋아했다. 하지만 지금은 예수님의 수제자 베드로가 로마를 방문하여 우리와 나누었을 뿐 아니라 훗날 동방의 여러 지역에 흩어져 있는 예수님의 제자들에게 보낸 편지에 수록된 말을 마음 깊이 새기고 있다. 베드로는 아름다움에 대해 다음과 같이 말했다. "너희의 단장은 머리를 꾸미고 금을 차고 아름다운 옷을 입는 외모로 하지 말고 오직 마음에 숨은 사람을 온유하고 안정한 심령의 썩지 아니할 것으로 하라. 이는 하나님 앞에 값진 것이니라."[2]

우리가 모임에서 이 말을 처음 읽었을 때, 여자들 가운데 하나가 베드로가 머리를 꾸미고 장식된 옷을 입는 것에 대해 못마땅해하는지 알고 싶어 했다. 한동안 토론이 진행되었는데, 그럴 때면 남자들은 상황이 바뀔 때까지 그냥 입을 다문다. 그러다 여자가 교회에서 머리 수건을 써야 하는지를 두고 논쟁에 빠졌다. 결국 초점을 잡아 주는 은사가 있는 아굴라가 이 문제를 다음 기회로 미루자고 제안할 때까지 논쟁이 이어졌다. 그런 다음 아굴라는 베드로의 말을 더 주의 깊게 검토하는 쪽으로 방향을 틀도록 도왔다. 우리는 이 말이 모든 단장이 아니라 지나치게 시간이 많이 드는 복잡한 헤어스타일과 주로 과시용으로 부착한 사치스런 장식, 극소수만 감당할 수 있는 최신 유행의 상류층 옷을 금하는 것으로 이해하기 시작했다. 그런 것들은 모두 외모를 강조하여, 한 사람의 인격으로부터 모든 주의를 앗아간다.

업무를 개시하다

옷을 다 차려입고 나면 이제 그날의 일과를 점검할 차례다. 예전 노예 가운데 하나는 아침마다 찾아와서 내 사업을 거들었다. 몇 해 전에 우리의 관습에 따라 그를 재정적으로 도운 일이 있는데, 그는 어떤 식으로든 내게 보답

> 그날의
> 일과를 점검할
> 차례다

할 의무감을 품게 되었다. 그는 소중한 사업 동료가 되었다. 우리 사업은 돈을 맡고 송금하고 빌려주는 은행업이다. 우리는 수판을 사용해서 계산한 다음 여러 고객과 상인과 다른 은행가들을 만났다. 나는 그들을 현관 복도에서 안마당으로 한 사람씩 불렀고, 내 친구는 옆에서 서기 역할을 했다. 이 일은 수지맞는 일이었다.

한편 유니아는 이른 아침에 할 일을 처리했다. 드루보사와 더불어 암비오와 파우스타를 만나 그날의 책무를 처리했다. 일반적으로 시간이 많이 걸리는 일은 아니다. 셋이 우리 집에서 한동안 맡아 온 일이기 때문이다. 이제 이들은 노예라기보다는 가족과 같다. 다른 집에서도 늘 그런 것은 아니다. 흔히들 노예를 업신여기고 사람이 아닌 물건 취급을 한다. 노예는 언제나 주인의 분부를 따라야 한다. 무슨 잘못을 저지르거나 주인 심기가 불편할 때면 매를 맞거나 밥을 굶기가 일쑤다. 설상가상으로 노예를 주인의 재산으로 보기 때문에 노예와 그 자녀들까지 성적 학대를 당할 때도 있다.

나는 언제나 그런 행위를 용인할 수 없다는 입장이었지만, 나의 새로운 삶의 방식을 따르자면 아직도 배울 게 많다. 그날 아침 암비오가 처음이 아닌 작은 실수를 했고, 나는 그 일로 정색하면서 그를 꾸중했다. 다른 많은 사람과는 달리 그에게 벌로 매질을 하지는 않았지만, 그가 얼마나 어리석었는지에 대해 아주 혹독한 말을 했다. 그가 심하게 상처 입은 것이 내 눈에 보였지만, 그는 그

> 나의 새로운 삶의 방식을 따르자면 아직도 배울 게 많다

저 죄송하다면서 조용히 물러났다.

"당신 일 처리 하나는 똑 부러지네요. 바울이 다 뿌듯해하겠어요. 아이고 참!" 유니아가 비꼬며 말했다.

나는 발끈 성을 내며 사무실로 가서는, 광장으로 나갈 때가 되었다는 파우스타의 언질을 받고서야 밖으로 나왔다.

아침나절의 광장

우리는 아침나절에 하는 쇼핑과 거래를 좋아한다

우리는 아침나절에 하는 쇼핑과 거래를 좋아한다. 유니아와 파우스타와 나는 아침나절에 도시 중앙 광장으로 가기로 이미 약속해 두었다. 며칠 전 나들이와 비교하니 대기 중에 최근 있었던 화재 연기의 흔적이 거의 사라져 기분이 좋았다. 내가 암비오를 다룬 방식에 대해서 유니아가 한 말이 자꾸 마음에 걸려, 나는 길을 우회하여 바울이 몇 해 전 가택 연금 중에 세 들어 산 곳을 들러도 될지 물었다. 주간 모임에 속한 다른 사람들과 함께 그곳을 몇 차례, 또 개인적인 일로 몇 번 그를 방문한 적이 있다. 이러한 방문은 우리의 신앙과 관련된 폭넓은 사안을 토론할 수 있는 더없이 좋은 기회였다. 또한 "로마에서 하나님의 사랑하심을 받고 성도로 부르심을 받은 모든 자에게"[3] 보낸 바울의 긴 편지가 전하는 의미를 더 깊이 파고들기에도 좋았다.

그 자리에 선 채 나는, 예전에 방문했을 때 바울이 아시아의 또 다른 모임에 보내려고 막 작성을 마친 편지 내용 일부를 말해 준 일을 떠올렸다. 노예 다루는 법이 포함된 그 편지에서 바울은 노예를 공정하고 정당하게 다루는 법에 대해 말했다. 그것은 우리 주님이 천국에서 우리를 대해 주기 바라는 방식이다. 나는 과연 암비오를 그렇게 대했던가? 아니었다. 나는 그의 실수를 실제보다 잔뜩 부풀렸고, 그에게 아주 무례했으며 사려 깊지 못했다. 돌아오자마자 그에게 용서를 구할 필요가 있었다. 물론 그런 기본적 실수를 다시는 똑같이 되풀이하지 않도록 노력해 달라고 정중하게 부탁할 필요도 있었다.

광장에 도착하여 우리는 먼저 광장 주변에서 발언하는 몇몇 사람의 말을 엿듣는 시간을 조금 갖기로 했다. 주변을 거닐면서 그들이 무슨 주제로 연설하는지 약간씩

들어 보고, 의견이나 질문을 던지며 그들의 말에 끼어들거나 주변 사람과 토론을 시작할 수 있다. 이것은 가끔 자신의 믿음 같은 것을 드러낼 수 있는 기회다. 그런데 그날은 어떤 주제나 연설가도 눈에 띄지 않았다. 그냥 다 고만고만한 정도였다. 우리의 사도 바울이 아테네에서 그랬던 것처럼 여기서 말할 기회를 갖지 못한 것은 참 애석한 일이었다. 당시에 바울은 가택 연금 중이어서 어떤 공적 활동에도 참여하는 것이 허락되지 않았다.

바로 그때 우리 주간 모임에 나오는 사람 하나를 우연

자신의 믿음 같은 것을 드러낼 수 있는 기회다

히 마주쳤다. 아리스도불로는 광장 주변에 있는 관청들 가운데 하나에서 중간 정도의 지위를 지닌 사람이다. 그는 자기 노예들 가운데 한 명의 영향을 받아 예수님의 제자가 되었다. 아굴라와 브리스길라가 사업상 멀리 떠날 때면 우리 모임은 보통 그의 집에서 갖는다.

"두 분에게 은혜와 평화가 있기를 기원합니다. 뵙고 싶었습니다. 방금 들은 이야기를 전해 드리려고요."

우리도 그에게 답례했다.

"드디어 화재가 끝났다고 공표된 줄 아시면 기쁠 것입니다."

"안심이 되네요. 바람 때문에 불길이 우리 쪽으로 번지지는 않았지만, 어딘가 더 가까운 곳에서 불꽃이 되살아날지 몰라 걱정이네요." 유니아가 말했다.

"우리 모임에 나오는 분들 중에 이번 화재로 삶의 터전을 잃은 가족을 집에 받아 주셨는데, 그분들 상황은 좀 어떤지요?" 파우스타가 물었다.

"괜찮습니다. 저희로선 그분들을 더 잘 알 수 있는 좋은 기회였죠." 아리스도불로가 다시 말했다.

유니아가 고개를 끄덕였다.

아리스도불로가 덧붙였다. "어쨌든 화재가 어떻게 시작되었는지에 대해 더 알게 되면 알려 드리겠습니다. 온갖 소문이 나도는데, 심지어 네로가 화재에 관여했다는 소문마저 있습니다. 하지만 이런 일이 발생하면 온갖 추측이 난무하기 마련이죠." 이 말을 하고 그는 광장을 가로질러 갔다.

주위 사람들 가운데 일부는 사원을 향해 가고 있었다

주위 사람들 가운데 일부는 그 지역에 있는 여러 사원 가운데 하나를 향해 가고 있었다. 그들은 신을 경배하고 신의 복을 얻기 위해 약간의 돈을 바칠 참이었다. 여러 선택지가 있었다. 약간만 거명하자면 비너스와 사투르누스, 카스토르, 폴룩스의 사원이 있다. 지인 부부가 함께 사원에 가서 헌금하자며 초청했지만, 우리는 정중히 거절했다. 나중에 다른 곳에서 우리의 신을 위해 헌금할 거라고 설명했다. 이것은 사실이었다. 화재가 발발한 후 매일 밖으로 나갔다. 화재로 피해를 입은 사람을 방문하여 그들에게 얼마간의 재정적 혹은 물질적 도움을 주는 게 하나의 습관이 되었다. 그들은 우리 주간 모임에 속한 사람일 때도 있고, 확대가족에 속한 사람일 때도 있다.

목욕탕에서 만난 사람들

나머지 살 것들은 다른 사람들에게 맡긴 채 나는 광장 근처에 있는 목욕탕에 목욕을 하러 갔다. 도시 전역에 이런 목욕탕이 수백 개에 이른다. 천 명까지 수용하는 곳들도 있다. 우리 가족이 가장 자주 들르는 곳은 상대적으로 규모가 작다. 남녀가 각각 사용하는 시간대가 다른데, 유니아는 보통 내가 사용한 다음 시간대에 목욕한다. 옷을 벗고 탕 속에서 편히 쉴 때마다 언제나 큰 자유를 만끽한다. 그런가 하면 때로는 친구들 가운데 하나를 우연히 마주치는 기회를 즐기기도 한다.

오늘 아침은 달랐다. 한 무리가 왁자지껄 큰소리로 떠들고 욕설을 남발하며 서로의 등을 철썩 갈기면서 들어왔다. 이윽고 탕 안으로 들어와서도 추잡한 잡소리가 뒤섞인 그들의 농담은 계속되었다. 그들 가운데 둘은 최근 있었던 혼외정사 이야기를 늘어놓으며 서로 기싸움을 했다. 그런 유의 이야기에 다른 사람들은 떠들썩하게 반응했다. 그들의 여성관은 그야말로 아주 노골적이었다. 심지어 자신의 아내를 침대 안팎에서 지배해 줄 다른 누군가

**목욕탕에
목욕을
하러 갔다**

가 필요하다는 말도 숱하게 내뱉었다. 그런 사람들은 남자는 다 태도가 같다고 가정하기 때문에, 때로는 그들에게 어떻게 반응해야 할지 잘 모르겠다. 나는 보통 입을 꾹 다물고 웃음에 동조하지 않는다.

그러나 이번에는 뭔가 말해야 한다고 작정했다. 그런 목욕탕 분위기에서 진짜 대화를 시작할 접점을 포착하기란 어려웠다. 그러나 그들의 기억 은행에 머물 수도 있는 이야기에 그들이 귀 기울일지도, 혹시 나중에라도 그들에게 영향을 미칠지 모를 일이었다.

나는 살짝 그들의 말허리를 낚아채면서 그들이 주고받는 대화에 끼어들었다.

"이야기의 절반은 제대로 모르시네요. 인류의 나머지 다른 절반에 대해서 말이죠! 며칠 전 아내와 함께 잔치 자리에 초대받아 간 일이 있습니다. 집으로 돌아오는 길에 그날 저녁 모임이 어땠는지에 대해 대화를 나누었죠. 나도 예전에는 아내에게 모임이 어떻게 굴러갔는지에 대해 사뭇 거들먹거리며 일러 주곤 했죠. 아내는 그저 정중히 듣고 있었고요. 이제는 아닙니다! 그런 저녁 모임의 정치 역학에 대해서는 아내가 나보다 훨씬 더 빠삭하다는 것을 알게 되었으니까요. 그래서 나보다는 아내가 말을 더 많이 하는 게 좋더군요."

"대체 재미있는 얘기는 언제쯤에나 나오시려나?" 남자들 가운데 하나가 소리쳤다.

내가 말했다. "재촉하지 말아요. 우리가 집 현관문에 다다르자마자 아내가 다가와 내 손을 붙들고 속삭였죠. '나 사랑하고 싶어요.' 그런데 모든 선량한 로마 사내들처럼 나 역시 이런 건 늘 남자의 특권이라고 배웠죠. 남편이 신호를 보내기까지 기다리다 남편의 욕구에 복종하는 게 아내의 도리라고 말이죠. 그러나 내 말 좀 들어 봐요. 당신의 아내가 주도권을 잡으며 그렇게 말할 때 그건 진짜 '하자'는 뜻이죠. 그럴 때 침대 안팎에서 함께하는 친밀한 시간이 더 즐겁답니다."

나처럼 나이 먹은 사람이 하는 말치고는 너무 나긋해서인지 목욕탕 건너편에서 나를 무시하듯 낄낄대는 웃음소리가 더러 들리기도 했다. 그러나 몇몇은 말이 없었다.

그 가운데 한 사내가 음흉한 눈초리로 말했다. "지금 당신, 우리더러 마누라가 하자는 대로 따라야 한다고 말하는 거요? 지금까지 마누라가 우리 요구에 따르는 것처럼 말이오?"

이에 대해 언젠가 바울이 한 말이 불현듯 떠올랐다. 제멋대로인 고린도 교인들에게 바울이 한 말이었다.⁴ 결혼한 부부 사이의 사랑이 실제로 어떤 의미인지에 대해 바울은 아주 단호했다. 다행스럽게도 이 소란스러운 사내 패거리들은 곧 다음 방으로 옮겼다. 그러던 중에 그들 가운데 하나가 내게 나지막이 말했다.

"언젠가 당신의 생각에 대해 대화하고 싶군요."

그 말에 나는 속으로 중얼거렸다. "바울이 최소한 이 일에 대해서만은 기뻐하면 좋겠군!"

목욕탕에서 그 사내들을 만난 날은 여느 날과 달랐다. 도를 따르는 사람들 가운데 여럿이 이따금씩 목욕탕에서 만나 함께 목욕을 즐기곤 한다. 우리는 열탕에서 시작하여 온탕을 거쳐 냉탕으로 옮기곤 한다. 이는 친교를 즐기는 아주 근사한 방법이다. 이를 가리켜 일상의 '침례'라는 농담을 주고받기도 하고, 문득 좋아하는 노래 한 곡이 나오기도 한다! 때로는 노래가 다른 쪽에서 목욕하는 사람들의 흥미를 돋우기도 했다. 언젠가 이들 가운데 한 사람이 찾아와 물었다. 어째서 이렇게 멋진 파티를 벌이느

**언젠가
바울이 한 말이
불현듯
떠올랐다**

냐고!

내가 관여할 일이 더 없다면, 때때로 체육관에 가서 운동을 하고 사우나로 끝낸다. 혹은 건물 내 이발소에서 면도를 한다. 그런데 오늘은 잘 갖추어진 목욕탕 내 서가에서 책을 한 권 꺼내 들고 자리를 잡았다. 묵직하고 두꺼운 철학서가 아니라 정원 관리에 대한 실용서였다. 그런 다음 유니아가 목욕 마치기를 기다리며 패스트푸드를 파는 구내매점에서 간식거리를 사는 사람들을 지나 곧 다가올 쿠미아의 생일을 위해 선물 가게에 잠시 들러 둘러보았다.

종과 주인이 함께하는 점심 식사

점심 식사를 하러 집 뒤편에 모였다

11시경에 우리는 점심 식사를 하러 집 뒤편에 모였다. 전날 밤 식사하고 남은 음식이 얼마간 있었다. 약간의 고기, 올리브를 곁들인 신선한 샐러드, 과일과 견과류, 빵이 있었다. 이 음식은 우리가 외출한 동안 노예들이 준비했다. 그러나 노예들은 과거처럼 먼저 우리의 식사를 도운 다음에 먹지 않는다. 이제는 우리 모두가 비스듬히 누워 함께 음식을 먹는다. 이는 우리의 주간 친교 모임에서 하는 방식을 따른 것이다. 거기서는 자유인이나 종이나 어린 사람이나 노인이나 모든 사람이 다 같이 먹는다.

집에서 점심 식사를 할 때도 그렇게 하자고 처음 제안했을 때, 우리 노예들은 처음에는 반대했다.

"아직은 때가 아닙니다."

"주말마다 브리스가와 아굴라의 집에서 먹는 방식이라네."

"그렇습니다만, 상황이 다르죠. 지금은 주중이니까요."

"알았네만, 예수님의 제자로서 함께하는 행동이 다른 때에도 영향을 미쳐야 하지 않을까?"

"사람들이 뭐라 생각하겠습니까?" 탈루스가 물었다. "우리가 더불어 먹는 동안 그들이 들어와서 본다면 말입니다. 주인님 친구분들 가운데 일부는 기분이 상할 수도 있고, 그분들의 노예들이 자신의 계급에 대해 딴 생각을 할지도 모른다며 두려워할 수도 있습니다."

"물론 그럴 수도 있겠지만, 이게 올바른 일이란 생각이 든다네. 또한 그들이 우리가 따르는 도에 더 훌륭한 무언

가가 있음을 알아차리는 데 도움이 될 수도 있겠지."

점심 식사를 마친 후에는 낮잠 시간이다. 잠깐의 휴식과 수면만으로도 남은 하루와 저녁을 위한 새 힘을 제공한다. 그런 다음에는 아침에 있었던 일과 그날 남은 시간 동안 주어질 일들에 대하여 하나님과 잠시 대화하는 시간을 가졌다. 아침에 일어나자마자 이런 시간을 갖기보다는 낮에 이런 시간을 갖는 것이 내겐 더 생산적임을 발견했다. 유니아는 이 시간을 이용하여 집 밖에서 더 많이 사용하고 싶은 기술을 계발한다. 자신의 사회적 지위 덕에 유니아는 폭넓은 교분을 형성한다. 유니아는 군 장교, 방문 판매원, 정부 사절 등 남편의 직업 때문에 종종 남편과 떨어져 있는 사람들을 돕기 위한 다양한 방법을 모색 중이다.

> 하나님과 잠시 대화하는 시간을 가졌다

학교생활과 자녀 교육

우리 아이들은 오후에 학교에서 돌아오면 보통 쉬거나 게임을 하거나 우리 집 강아지 브루투스와 장난을 치기 일

쑤다.

"오늘은 선생님께 무엇을 배웠니?" 내가 안마당을 지나며 누기오에게 물었다.

"문법이랑 문학 조금씩요." 아이가 적극적으로 말했다.

"산수는 없었고?" 살짝 미소 지으며 내가 물었다.

"미안요, 아빠. 은행이랑 관계있는 건 정말 아무것도

없었어요."

나는 어깨를 으쓱했다.

"다른 일이 좀 있었어요. 수업이 끝난 후 선생님께서 제게 잠시 남으라 하셨어요."

"무슨 일로?"

아이가 서둘러 말을 이어댔다.

"제가 뭘 잘못해서는 아니고요. 선생님께서 가끔 부르시는 학자분과 함께 추가로 공부를 하는 데 관심 있는지 물으셨죠."

"누구랑?"

"말레올루스요!"

말레올루스는 시를 가르치는 일로 명성이 자자했고, 그 자신 또한 시인이었다.

"네 생각은 어떠니?"

"제가 시 좋아하는 것 아시잖아요. 전 그분 수업을 재미있게 들어 왔고요. 특히 그분의 시를 낭송하는 게 좋더라고요."

나도 말레올루스의 말을 들어 본 적이 있다. 내 취향으로는 그가 자만심이 좀 지나치다는 인상을 받았다. 그래서 마음 한구석에서는 경고음마저 울렸다.

"그래, 이 일에 대해서는 내일 더 얘기하자꾸나."

아이는 이 말에 만족해하며 친구를 찾아 밖으로 달려 나갔다.

나는 즉시 유니아를 찾아 누기오의 소식에 대해 말해주었다.

"무슨 문제죠?" 심상치 않은 어조를 간파하고 유니아가 물었다.

"말레올루스에게 다른 꿍꿍이가 있는 것 같아 안타깝네요. 시보다 자신의 인기를 챙기는 것 같아요."

"그러니까 당신 말은…?"

"그래요! 멘토링 상황에서는 흔히 그렇듯, 그는 자기 책무의 일환으로 누기오와 친밀한 관계를 개발하겠죠."

로마 사회에서는 청소년기 사내아이가 성인의 삶을 준비할 수 있도록 돕는 건 관례상 성인 남자의 몫이다. 여기에는 아이들의 지적 발달은 물론 신체적·정서적 발달도 포함된다. 이 과정에서 통상적으로 성적 친밀감이 형성되기도 한다. 이와 관련하여 내게 부적절한 일이 일어난 적은 한 번도 없었다. 그러나 곰곰이 생각하고 나니 지금은 내 관점이 바뀌었다. 그러한 관계에는 분명 미심쩍은 면이 있다. 나이든 남자와 아직 성장 중인 소년 사이의 관계에서는 말이다. 또한 어린 시절에 나이 든 남자와의 경험이 유니아와의 초기 관계에 영향을 미쳤음을 깨달았다. 그래서 누기오를 그런 문제로부터 떼어놓고 싶다. 남자들 사이의 성적 관계의 다른 측면에 대해 논할 수도 있겠지만, 여기서 그 문제를 더 이상 다룰 필요는 없다.

이러한 상황에 대해 이런저런 대화를 나눈 뒤 유니아가 말했다.

"불필요하게 선생님의 기분을 상하게 하지 않으면서 그분의 제안을 거절할 방법이 필요하겠네요."

"선생님을 저녁 식사에 초대하여 우리가 우려하는 바를 말씀드리면 어떨까요? 그분이 우리의 종교적 신념에 대해 약간 관심을 보일 수도 있겠죠. 우리의 신념에 대해 좀더 말할 수 있는 좋은 기회가 될지도 몰라요."

우리의 종교적 신념에 대해 약간 관심을 보일 수도 있다

"또 누기오에게 우리의 결정을 설명할 최선의 방법을 강구할 필요도 있고요."

나는 수긍했다.

누기오의 남자 친구 둘은 이미 그런 '멘토링' 관계를 맺고 있을 뿐만 아니라, 누기오는 우리가 때로 자신의 자유를 이미 너무 많이 제한한다고 느끼던 터라 대화가 쉽게 풀리지는 않을 것이다.

여기에 난제가 하나 있다. 우리 문화에서는 남자가 이성보다도 동성과 더 깊은 관계를 가질 수 있다고 여긴다. 아내란 아이를 양육하고 집안일을 돌보고 남편의 사회적, 경제적 혹은 정치적 야망을 지원하는 데 동반자 역할을 할 수 있다. 그러나 아내에게는 남자와 같은 지적 혹은 정서적 능력이 없으므로, 아내와 완전한 우정이나 사랑을 발전시키는 건 불가능하다고 여긴다. 유니아와의 관계가 깊어질수록 이러한 생각에는 진작부터 의혹이 생겼다. 그러나 이러한 생각과 작별하도록 마지막 쐐기를 박은 것은 사랑에 대한 예수님의 가르침이었다. 사랑이란 다른 사람과 더 가까워지는 것만이 아니라 그들의 복을 우선시하고 자신의 생명을 그들에게 내어주는 것이라는 관점은, 이 문제를 바라보는 나의 시각을 완전히 바꾸었다.

이러한 생각과 작별하도록 마지막 쐐기를 박은 것은 사랑에 대한 예수님의 가르침이었다

저녁 식사에 초대받다

이제 저녁을 준비할 시간이다. 우리의 경우 저녁 식사는 늦은 오후에 시작하여 흔히 저녁나절까지 지속된다. 저녁 식사 시간은 서로 만나 대화할 수 있는 중요한 기회이기 때문에, 우리는 서둘지 않는다. 가끔은 가족 가운데 하나가 막간에 악기를 연주하거나 때로는 다 같이 게임을 하기도 한다. 한 주에 한 번쯤은 유니아와 내가 몇몇 손님을 초대하여 교제한다. 이것이 다른 신들을 따르는 사람들이 우리 삶을 가까이서 보도록 하는 자연스러운 방법임을 알기 때문이다. 이를 통해 우리의 새로운 삶의 방식에 대한 대화로 이어진다.

저택에서 열리는 만찬에 참석할 거였다

그러나 오늘 밤은 달랐다. 드루보사에게 저녁 식사를 맡기고, 이 도시에서 유력한 가정들 가운데 한 가정의 저택에서 열리는 만찬에 참석할 거였다. 마침, 그 집은 우리 주간 모임에 속한 노예 가운데 하나인 벨릭스가 사는 집이었다. 그의 주인 나깃수와 부인 아우렐리아는 팔라티노 언덕에 고급 주택을 갖고 있다. 유니아와 나는 최고의 옷을 차려 입었다. 유니아는 속이 비치는 고운 면직물로 만든 매력적인 모슬린 슈미즈 드레스를 입었고, 나는 보라색 줄무늬가 있는 번쩍이는 흰색 토가를 입었다. 아이들에게 사이좋게 잘 놀라고 말한 후 우리는 외투와 함께 늦은 저녁 귀갓길에 요긴한 횃불을 챙겼다. 음식 쓰레기와 구정물에서 나는 고약한 냄새가 가장 덜한 길을 택한 다음 우리는 여러 번의 구불구불한 거리로 길을 잡아 나깃수의 집에 이르렀다.

우리는 비교적 지위가 높은 노예의 영접을 받았다. 다소 과하다는 생각이 들었다. 그는 우리의 외투와 횃불을 받아든 다음 으리으리하게 장식된 복도를 따라 우리를 안내했다. 웃음소리가 나는 걸 보니 우리가 가장 먼저 도착한 건 아니었다. 널찍한 안마당으로 들어서니 두 번째 노예가 우리 앞에 있는 손님 셋을 식당으로 안내하고 있었다. 집주인과 그의 부인 아우렐리아가 중앙 카우치 위에 놓인 베개에 기댄 채 비스듬히 누워 있었고, 아우렐리아 옆쪽으로는 시의 중진 치안판사가 있었다. 또 다른 노예가 그들 옆에 서 있었다. 우리보다 먼저 온 손님은 행정관 부부와 그들의 맏아들이었다. 그들은 나깃수의 오른쪽 카우치로 안내되었다. 나중에 온 사람을 위해 상차림

을 다시 하기보다는 빈자리에 앉히는 것이 관례였다. 왼쪽에 마련된 지위가 낮은 사람을 위한 카우치는 우리와 아직 도착하지 못한 손님 차지였다. 뒤쪽으로는 강아지 두 마리가 어정거리며 사람들이 버리는 음식 부스러기와 뼈를 받아 물려고 대기 중이었다.

나는 잠시 집 안 여기저기를 둘러보았다. 식당 바닥은 멋진 패턴의 모자이크 형태를 띠었고, 자연 풍경을 그린 파스텔 색깔의 벽화가 여럿 있었으며, 돋을새김 처리된 치장용 벽토가 두드러졌다. 중앙에 있는 카우치에는 수를 놓은 덮개가 씌어져 있었다. 식탁에 따라 등급이 매겨지기도 했거니와 값비싼 식기류는 진수성찬을 예고했다. 그런 저녁이면 식사 후에 일종의 심포지엄이 있기 마련인데, 어떤 식으로든 즐거운 여흥이 이어질 것이 확실하다. 이 모두는 주인의 높은 신분과 유력한 지위에 대한 깊은 인상을 심어 주기에 부족함이 없었다.

> 잠시 집 안 여기저기를 둘러보았다

전채 요리를 기다리는 사이에 마지막 손님이 도착하여 우리 옆 카우치에 자리를 잡았다. 그는 비싼 부동산을 소유한 중년 남성으로, 나깃수와 함께 사업을 하러 이 도시로 왔다. 우리는 그의 농장 현황과 농작물 판매 전망에 대해 잠시 대화를 나누었다. 그러고 나니 노예들이 첫 번째 요리를 내왔다. 벨릭스가 카우치 사이 식탁에 음식과 포도주를 놓으며 우리에게 조심스레 인사했다. 음식은 수입 가금류와 생선으로 보이는 맛있는 요리 세트였다.

바로 그때 나깃수가 다른 카우치에서 벌어지고 있는

대화에 끼어들었다. 그는 자신이 얼마나 자주 이 도시를 후원하는지에 대해 말하기 시작했다. 이는 공공 기부를 통해 다른 사람을 앞서려는 지도층 가정 사이에서 흔한 관행이다. 기부는 그들이 명성을 얻고 지위와 정치적 영향력을 더하는 주된 방법들 가운데 하나다. 나깃수는 최근 광장 주변의 주요 신전 앞에 두도록 커다란 동상을 하나 기부했다. 그런 행위가 온통 자기과시를 위한 것으로 보였지만, 내게는 오히려 도전이 되었다. 나는 내가 사는 도시를 위해 공적으로 얼마나 많은 일을 하고 있는가? 실제로 우리 주간 모임에서 읽은 본문 둘이 마음에 떠올랐다. 하나는 "내가 사로잡혀 가게 한 그 성읍의 평안을 구하[는]" 일의 중요성에 대해 포로 상태에 있는 유대인에게 보낸 예언자 예레미야의 말이고, 다른 하나는 "우리는 기회 있는 대로 믿음의 가정들뿐 아니라 모든 사람들에게 착한 일을 할지니라"라는 바울의 말이다.[5] 이것이 내가 사는 지역 주민들에게 유익을 끼칠 뿐 아니라 **우리의 도**가 존경받을 수 있는 **길**이기도 할 거라는 생각이 들었다.

> 온통
> 자기과시를
> 위한 것으로
> 보였다

우상에 바친 고기

주요리가 나오고 나서야 이런저런 상념에서 벗어날 수 있었다. 육질이 야들야들해 보이는 여러 종류의 고기와 더불어 흔히 곁들여지는 올리브와 대추와 무화과가 나왔다. 요리가 분배되는 동안, 아우렐리아는 가장 유명한 신전에서 나오는 최상품 고기를 독점하려고 애쓰는 정육점에서 고기를 사오게끔 노예에게 단단히 일러둔다는 점을 강조했다. 내가 이미 말했듯이, 우상에게 바친 고기를 사는 일은 우리에게 별 문제가 되지 않았다. 그러나 이 문제에 대한 벨릭스의 완고한 관점을 우리가 인식하고 있다는 점이 문제였다. 그는 예수님의 제자가 되기 전에 우상숭배에 깊숙이 관여했기 때문에, 그러한 음식을 먹는 즉시 자신의 이전 종교 관행과 관련된 욕구로 되돌아가게 된다.

"갑자기 엄습해 온답니다." 벨릭스가 언젠가 우리 모임에서 말했다. "그 고기 맛을 보는 순간 제 정신은 온통 우상의 이미지로 가득해집니다. 마치 제가 다시 신전으로 돌아가 우상의 영향을 받는 느낌이 드는 것 같아요."

이런 이유로 브리스가는 공동 식사용 고기는 직접 농

우상에 바친 고기를 먹을 때의 반응은 다 다르다

장에서 구해 온 것임을 분명히 말해 준다. 벨릭스는 우상에 바친 고기를 먹는 일에 대한 우리의 반응이 자신과 다르다는 것을 익히 알고 있다. 하지만 우리는 그에게 어떤 걸림돌이 되거나, 우리가 공동 신앙을 타협하는 것으로 그가 느끼기를 원치 않는다.

이에 대하여 우리는 이 자리에 오기 전에 이미 생각해 보았다. 바울은 로마에 있는 우리 모임에 보낸 자신의 편지에서 이러한 상황에 대해 말한 적이 있었다. 그 편지에서 바울은 이미 우상에게 바친 고기를 먹을 수 있는 강한 믿음이 있는 사람들은 그들이 그것을 먹음으로써 믿음이 약화될 수도 있는 사람들을 배려해야 한다고 단호히 말했다. 그러므로 우리는 벨릭스를 위해서 식사 때에는 생선만 먹음으로써 **"자기에게 좋을 대로만[이 아니라] 자기 이웃의 마음에 들게 행동"**하기로 작정했다.[6] 그러나 생각지 못했던 일이 일어났다. 주요리로는 고기만 나온다는 것이었다. 이를 사양하는 것은 주인의 후한 대접을 존중하지 않는 것일 수도 있었다. 그렇다고 이를 받아들이면 우리 그리스도인 형제에게 심각한 걸림돌이 될 수도 있었다. 실로 진퇴양난이 아닐 수 없었다.

그때 다시 하인 셋이 방으로 들어와 포도주를 한 차례 더 따라 주기 시작했다. 벨릭스는 우리 카우치에 앉아 있는 손님을 시중든 다음 우리에게 다가왔다. 그가 고기에 대해 혼잣말로 뭔가 중얼거리는 게 확실하다는 느낌이 들었지만 나는 뭐라 응답해야 할지 몰랐다. 그가 우리 취향에 따라 물을 많이 섞은 포도주를 우리 잔에 따라 주면서 말했다.

"푸블리우스 형제님, 당신이 고기를 먹는 것이 제게 어떤 영향을 미칠지에 대해 노심초사하고 계신 것을 잘 알고 있습니다. 전 정말 괜찮습니다! 걱정하지 않으셔도 됩니다. 제가 당신 옆에 손님으로 와서 앉아 있다면 사정이 달라졌겠지요. 그러나 다행히 우리는 부엌에서 남은 음식만 먹는답니다. 그리고 저는 늘 다른 하인들을 위해 고기를 남겨 두지요. 그들은 그 고기를 다 먹을 수 있으니 아주 행복해한답니다!" 유니아에게도 고개를 끄덕이며, 벨릭스는 다음 카우치로 이동했다. 우리 둘은 안도의 한숨을 내쉬었다.

로마 화재 사건과 네로

이제 마르켈루스는 화제를 네로에게로 돌렸다. 네로의 작은 아버지인 글라우디오가 막판에 다소 강압적으로 통치했던 이후인지라, 네로에 대한 사람들의 태도는 처음에는 대체로 긍정적이었다. 젊고 경험이 부족했음에도 불구하고 네로는 도시를 개선하려는 열망을 보였고, 문화에 대한 관심마저 있었다. 그러나 최근 그의 행위는 악화되었다. 그의 성욕은 날로 더 방탕해졌고, 점점 더 피해망상에 빠져 자기 목숨을 끊으려고 할 지경에 이르렀다. 네로는 정적으로 추정되는 사람들을 의심하는 오판을 저질렀고, 자신의 첫째 부인 옥타비아와 어머니 아그리피나를 살해하기까지 했다.

대화는 화재 사건으로 튀었다

이 모두는 유명한 이야기였다. 포도주 잔이 계속 비워지는 덕에 대화는 점점 더 활기를 띠다가 이윽고 최근 도시에서 일어난 화재 사건으로 튀었다.

"저는 원형극장 근처의 가게들 가운데 하나에서 불이 발발했다고 들었어요." 행정관의 부인이 말했다. "좁은 거리로 빨리 이동하는 바람이 그다음 원인이었고요."

그녀의 아들이 덧붙였다. "도둑놈들이 글쎄 아예 불을 끄려고도 하지 않았죠. 늘 그런 놈들이 있다니까요. 불난 집에 부채질하는 놈들 말이에요."

"네로가 일부러 불을 놓았다는 사람도 있어요." 다른 사람이 외쳤다.

"하지만 불이 났을 때 네로는 안티움에 없었잖아요?" 마르켈루스가 물었다.

"그렇다고 누구에게 불을 지르라고 맡길 수 없었다는 뜻은 아니죠."

치안판사가 끼어들었다. "그렇지만 네로는 로마로 돌아오자마자 아주 효과적인 방화 전략을 짰을 뿐 아니라, 집 잃은 사람들을 위해 식량 창고를 풀었고, 공공 정원과 건물을 개방하여 그들을 수용했잖아요."

방안에서는 여러 사람이 고개를 끄덕였다.

"그리고 그에게는 이 도시에 대한 애정이 있어요." 아우렐리아가 거들었다.

"어련하겠어요." 행정관이 말했다. "도시의 폐허 구역을 개선하고도 싶어 했죠. 그의 목적이 그런 거였다면, 화재로 도시의 거의 삼분의 이가 파괴되거나 타격을 입었으니 목적이 확실히 이루어진 셈이네요."

잔이 다시 채워지는 동안 대화가 잠시 멈추었다. 우리는 잔 위에 손을 올려 사양 의사를 표했다.

나깃수가 한쪽에 황제의 두상이 새겨진 동전을 든 채 말을 이었다. "상황이야 어떠했든 화재 소식을 듣는 순간 영악한 네로는 화재로 어떻게 돈을 해먹을 수 있을지를 궁금해했을 거고, 그 빌어먹을 수금을 집어 들고 별 볼일 없는 자작곡들 가운데 하나를 불렀을 겁니다."

"네로가 아예 재능이 꽝은 아니죠." 음악 애호가인 브리스가 말했다.

"그럴 수도 있죠. 하지만 그가 화재와 관계가 있든 없든, 네로는 사람들의 관심을 자신에게서 멀어지게 하는 데는 분명 도사죠. 여러 사람이 네로에게 책임이 있다고 하니, 네로로서는 그 책임을 애써 다른 사람에게 전가하지 않을 수 없었죠." 나깃수가 말했다.

"그게 과거에나 통했죠. 과거 다른 때에 벌어졌던 일에 대해 생각해 보세요. 채무자나 해방된 사람 그리고 작은 아버지 치하에서 유대인에게 일어났던 일들 말입니다." 누군가 맞장구를 쳤다.

다른 사람도 거들었다. "군중에게 어떤 동정심도 사지 못할 대상이라면 두말하면 잔소리죠."

나는 굳이 그들에게 가세하고 싶지 않았다. 하나님은 그들이 누구라 할지라도 도우시나니!

아우렐리아는 후식을 들이라는 신호를 보냈고, 대화는 덜 진지한 주제로 넘어갔다. 그러자 그날 저녁 준비한 음식도 다 떨어지고 하여 마르켈루스가 모두에게 통상 하던 대로 잔을 들어 황제에게 바치자고 제안했다. 이럴 때는 신에게나 사용하는 용어를 황제에게 붙이기 때문에, 저녁 식사 자리에서 이루어지는 헌주는 유대인이나 그리스도인에게는 참 난처한 부분이다. 우리가 황제에게 경의를 표하는 데는 아무런 문제가 없다. 우리는 황제 같은 사람들을 하나님의 종으로 여기기 때문이다. 그들이 그렇게 의식하건 않건 상관없다. 우리는 그들을 위해 기도하며 그들이 공평과 정의를 행하고 보상해 주기를 바란다. 그러나 황제의 신적 지위를 노골적으로 지지하거나 부인하지 않은 채 헌주 같은 것에 참여하기는 참 어렵다.

헌주를 마친 후에는 여기저기서 음식에 대한 감사 표시로 예의상 트림이 터져 나왔다. 이런 날이면 포도주를

> 모두가
> 통상 하던 대로
> 잔을 들어
> 황제에게 바쳤다

너무 많이 마셔서 방 한쪽 구석으로 가서 토하는 사람이 흔했는데, 오늘은 그런 사람이 없어 천만다행이었다. 이제 저녁 만찬의 다음 순서를 시작할 때가 되었다. 이윽고 그

집의 해방 노예 하나가 펼치는 기발한 저글링 묘기를 보기 위해 방 한가운데가 비워졌다. 과거에 그리스 노예였던 그는 고대 그리스의 키타라라는 하프 비슷한 현악기 연주자였고, 유명한 학자가 베르길리우스의 서사시 『아이네이스』에서 발췌한 내용을 낭송했다.

아낌없는 박수갈채에 집주인이 감사를 표했다. 공연이 끝난 후 아우렐리아가 유니아와 대화하러 방을 가로질러 왔고, 나깃수는 내게 손짓하여 자기 옆으로 와 앉으라고 했다.

비즈니스 이야기

그가 말했다. "사업 얘기를 할 자리는 아닙니다만, 제가 시작하려는 금융업에 대해 함께 토론하고 싶은데 시간을 내주셨으면 합니다."

내가 말했다. "언제든 편한 시간에 맞추겠습니다."

"이 벤처 사업에 대해 생각해 온 지 조금 되었습니다만, 누굴 먼저 만나야 할지 확신이 서질 않더군요. 특별히

큰 현금을 맡아 줄 수 있는 사람이 필요합니다. 최근 몇몇 횡령 사건이 일어났던 터라 그런 모험은 감당할 수가 없네요."

그는 내 쪽으로 더 가까이 몸을 기울였다.

"당신에 대한 평판이 좋더군요. 당신의 이상한 종교적 신념을 갖고 있는 사람들에 대해서는 늘 찜찜하지만, 다른 사람들이 금전 문제에 관해 당신의 신용을 인정해 주는 것에 대해 좋은 인상을 받았습니다. 그런 점을 높이 삽니다. 당신과 더 긴밀한 사업 관계를 맺고 싶습니다."

> 다른 사람들이 당신의 신용을 인정해 주는 것에 대해 좋은 인상을 받았다

카우치로 돌아와 앉으면서 나는 그가 한 말에 대해 곰곰이 생각했다. 나는 지금껏 내 사업이 주로 신규 고객 유치와 효율적 운영을 통해서 성장해 왔다고 생각하는 편이었다. 그런데 지금 다른 사람의 자금을 맡을 만한 평판을 얻는 게 더 중요하다는 점이 드러났다. 나는 이것이 나의 새로운 삶의 방식에서 아주 중요한 신뢰와 관련 있다는 사실에 새삼 놀랐다. 나는 이미 모든 상황에서 하나님을 신뢰할 필요가 있음을 배웠다. 아마도 이를 통해 나는 다른 사람이 알아서 신뢰할 수 있는 사람이 되었을 것이다. 만일 그렇다면, 우리 안에서 일어난 변화가 어떻

게 우리에 대한 다른 사람들의 태도에도 긍정적 변화를 만들어 내는지 흥미롭다.

이제 작별할 시간이 거의 다 되었다. 우리는 다른 손님과 주인에게 작별 인사를 하고, 안마당을 지나면서 벨릭스에게도 재빨리 고맙다는 말을 건넸다. 외투를 집어 들고 횃불을 밝힌 채 밤길을 나섰다. 저 멀리서 도시로 상품을 실어 나르는 수레가 덜컹거리고, 우리는 이제 인기척이라곤 별로 없는 거리를 되돌아 걸으며 그날 저녁에 있었던 일들을 돌이켜 보았다. 집에 도착하니 유니아가 말했다.

"우리 오늘 참 잘했어요. 난관도 있긴 했지만 무사히 잘 넘겼고요."

"그럼요, 잘 해냈어요. 하나님, 감사합니다."

후기

이쯤에서 내 이야기를 마치려 한다. 다만 이 편지를 발송하기 전에 짧은 후기 하나를 덧붙이고 싶다. 이제 이 글을 쓴 지도 한 주가 더 넘었다. 그런데 오늘에서야 훌륭한 서기인 탈루스의 도움으로 편지 내용을 확인할 수 있었다. 이삼일 뒤에 브리스가와 아굴라의 집에서 갖는 우리 모임에서 일어난 일에 대해 한마디만 덧붙이고자 한다.

브리스가와 아굴라의 집에서 갖는 모임

처음에는 모임에 속한 사람들이 그들의 동네에서 일어난 화재의 충격에 대해 얘기를 나누었다. 아이들도 몇 끼어 있었다. 화재가 우리 대부분이 사는 지역까지는 미치지 못했지만, 몇몇 지역에는 심각한 영향을 미쳤다. 다행스럽게도 그들은 자신들의 모든 재산을 건졌음은 물론 신체적 피해도 벗어날 수 있었다. 우리 구성원 상당수가 이미 이런저런 고난을 겪었으므로, 우리는 이에 대해 감사했다. 그들의 고난이란 흔히 그들의 생활 조건이나 사회적 지위 때문에 겪는 고난이었다. 지난주에 우리는 그들의 이야기를 듣기만 하고 그들에게 위로의 말을 건네려고 했다. 이번에는 아굴라가 바울이 우리에게 보낸 편지에서 한 말을 언급하며 위로하고자 했다. 주변의 많은 사람들처럼, 우리는 고난을 하나님의 징계 신호로 받아들여서는 안 된다. 고난은 예수님 자신의 삶과 사역에서 **핵심**이었음을 기억해야 한다. 고난을 우리의 성품을 견고히

다질 기회로 삼아야 한다. 고난을 더 훌륭하고 완전한 세계에 이르는 단계로 이해해야 한다.[7]

화재 피해를 입은 모든 사람을 위해 기도하는 자리에서 빌로로고는 자신이 하나님으로부터 받았다고 느끼는 메시지를 나누었다. 하나님이 저녁 음식 가운데 일부를 따로 떼어 모든 것을 잃은 사람들과 나누기를 권고하신다는 것이었다. 평소 궁핍한 사람들을 돕는 데 자신의 시간을 많이 들이는, 이제는 그 자신이 과부가 된 드루보사가 우리에게 필요 없는 옷가지를 모아서 나눠 주자고 제안했다. 유대인 직조공 부부는 자기네 작은 점포에 내놓을 수 있는 옷이 아주 많다고 했다. 어린아이들 가운데 하나는 화재로 장난감을 잃은 친구들도 있을 테니 장난감도 포함하면 좋겠다고 말했다. 그러자 브리스가는 우리를 다음과 같은 방향으로 이끌었다. 우리가 지금 하고 있는 이 일을 '예배'의 일환으로 여기고, 우리 주변의 거리로 나가 우리의 '교회됨'을 지속적으로 드러내며 실천하자고 했다. 우리가 내린 결정은 정확히 이랬다. 우리의 반응에 어울리는 시편 가운데 하나를 골라 노래하면서 음식을 싸고, 교인들의 집에 들러 옷을 수집한 다음, 주변

모든 것을 잃은 사람들과 나누기를 권고하신다

동네에서 나누어 주기 시작했다.

끝으로, 이 이야기를 마친 후로 나는 잠을 설치지 않을 수 없었다. 계속 반복해서 꿈을 꾸었다. 거리를 행진하는 군화 소리와 쿵쾅거리며 문 두드리는 소리, "가이사의 이름으로 명하니 문 열어!"라는 고함이 들렸다. 지난밤에는 우리 노예 가운데 하나가 군인들이 문 앞에 와 있다고 외치는 소리를 들었다는 생각마저 들었다. 그저 악몽이었을 수도 있지만, 닥쳐올 일들에 대한 불길한 예감이 아닐까 싶어 걱정을 떨쳐 낼 수가 없었다.

> 군인들이 문 앞에 와 있다고 외치는 소리가 들렸다

***

나 탈루스가 친필로 이 편지를 씁니다. 푸블리우스의 이야기는 여기서 그칩니다. 푸블리우스와 유니아는 다음 날 저녁 체포되었지만 다행히 원고는 이미 제게 전달되었습니다. 이 원고의 사본 한 통을 이 일과 그들의 운명에 관심 있는 분들에게 전달합니다.

일상을 세우는 책들

일상, 하나님의 신비 마이클 프로스트 | 홍병룡 옮김 | 200면
일상 속에서 발견하는 하나님의 섭리에 대해 이야기한 책. 하나님은 특정한 사건 속에만 임재하지 않으며 늘 우리 주위에서 함께함을 역설한다.

일삶구원 폴 스티븐스·앨빈 웅 | 김은홍 옮김 | 256면
일터에서 나타나는 9가지 죄악과, 그것을 다스릴 9가지 성령의 열매, 그 결과 나타나는 9가지 삶의 변화를 구체적이고 간결하며 현장에서 바로 적용할 수 있도록 돕는다.

일터 신학 폴 스티븐스 | 홍병룡 옮김 | 360면
일은 단순히 무언가를 위한 수단이 아니라 하나님의 비즈니스라는 관점에서 일터의 신학과 영성을 탐구하는 책이다.

21세기를 위한 평신도 신학 폴 스티븐스 | 홍병룡 옮김 | 356면
목수이자 목회자인 저자는 평신도들을 사역의 대상으로만 보는 신학적·구조적·문화적 원인을 분석하고, 성직자와 평신도의 구분이 없는 '한 백성의 신학'을 제시한다.

일상 상담 카린 아커만 슈톨레츠키 | 강미경 옮김 | 196면
위로하고 동행하며 격려하고 지원하는 삶은 특정인의 전유물이 아니라 식탁머리, 공원 벤치, 가정 모임 등에서 누구나 할 수 있는 사역임을 일깨운다.

기독교는 타종교로부터 무엇을 배울 수 있는가? 제럴드 맥더모트 | 한화룡 옮김 | 312면
다종교 사회 속에서 다른 신앙을 가진 이들과의 대화를 적극 지지하면서도, 기독교가 하나의 종교가 아닌 전 우주적 진리임을 되새기게 한다.

동성애에 대한 두 가지 견해 로더 드프란자·힐·홈스·스프링클 | 양혜원 옮김 | 388면
동성애에 대한 긍정적 관점과 전통적 관점을 지닌 각 필자는 철저한 연구를 바탕으로 성경과 사람을 잇는 치열하고도 사려 깊은 논쟁을 펼친다.

세상을 위한 교회, 세이비어 이야기 엘리자베스 오코너 | 전의우 옮김 | 300면
2백 명이 되지 않은 세이비어 교회가 개인 경건과 사회적 영성의 균형을 통해 어떻게 건강한 교회 모델이 되었는지를 들려준다.

일상어 목록

QT	기부
가난과 부	낮잠
가문	노예
가족	대화
간식	도시
강아지	돈/현금
게임	동료
공동주택	동성 관계
과음/구토	멘토링
관계	면도
광장	목욕/목욕탕
교사	박해
구내매점	밤길
구제	벤처
군인	변화
글쓰기	부동산
금융업	부부 관계
기념품 가게	부적
기도	비즈니스/사업/협력

사우나
상류층
생일 선물
서가
선물 가게
성욕
손님 초대
쇼핑
수판
시
식기류
식사
신규 고객
신분
신용
여성 교육
용서
우상
우정
음담패설
음모/기만
음식
자녀
자작곡
잔치/파티
장난감
장식
장신구
저택

재난
저글링
젠더
종교
중매결혼
지각
지도자
직업
직원 징계
집/가옥(구조)
책
청소년기
체육관
체포/구금
치안판사
키타라
패스트푸드
편지
포도주
학교
해외 근무
행정관
헌주
헤어스타일
혼외정사
화물 수송
화재
횡령

주

1 마태복음 5:45, 시편 127:2.
2 베드로전서 3:3-4.
3 로마서 1:7.
4 고린도전서 7:1-5. "너희가 쓴 문제에 대하여 말하면 남자가 여자를 가까이 아니함이 좋으나 음행을 피하기 위하여 남자마다 자기 아내를 두고 여자마다 자기 남편을 두라. 남편은 그 아내에 대한 의무를 다하고 아내도 그 남편에게 그렇게 할지라. 아내는 자기 몸을 주장하지 못하고 오직 그 남편이 하며 남편도 그와 같이 자기 몸을 주장하지 못하고 오직 그 아내가 하나니 서로 분방하지 말라. 다만 기도할 틈을 얻기 위하여 합의상 얼마 동안은 하되 다시 합하라. 이는 너희가 절제 못함으로 말미암아 사탄이 너희를 시험하지 못하게 하려 함이라."
5 예레미야 29:7, 갈라디아서 6:10(B. Winter. 개역개정판은 "그러므로 우리는 기회 있는 대로 모든 이에게 착한 일을 하되 더욱 믿음의 가정들에게 할지니라").
6 로마서 14:1-15:4.
7 로마서 5:3-4; 8:18-25.

역자 후기

이 책을 '간증'으로 읽었다. 그러나 여느 간증과는 아주 딴판이다. 『1세기 교회 예배 이야기』를 번역한 이후 1년 동안 기다리던 원고를 받고 반가운 마음에 펼치자마자 눈에 훅 들어온 문장은 "나의 새로운 신앙이 내게 어떤 영향을 미쳤는지 설명할 최선의 방법은 가족과 일과 사회생활이 뒤섞인 아주 전형적인 하루를 묘사하는 것"이었다. 평범한 말 같지만 이런 게 진짜다. 우리의 간증은 실제 삶과 괴리된 영적 허공만 쏘다니기 일쑤니까. 일상사야말로 가장 정직하고 정확한 간증이다!

뱅크스가 택한 하루는 어찌 보면 평범한 하루와는 거리가 멀다. "내가 택한 하루는 우리가 사는 도시에서 거의 한 주 동안이나 급속히 번진 끔찍한 화재 사건 바로 다음 날이었다." 일상의 하루는 평온할 수도 있고 위태로울 수도 있다. "화재가 끼친 무시무시한 결과에도 불구하고, 이로 인해 내가 진술할 날이 여느 날과 전혀 다른 날이 되는 것은 아니었다." 오늘의 평범한 하루는 곧 영원으로 통하는 비범한 날이다. 우리는 그 날을 살며 무심한 시간을 보내기도 하고 타협도 하고 실패도 하고 개혁도 하고 혁명도 하고 영원과도 소통한다.

전편과 마찬가지로 짧은 책에 여러 주제 혹은 우리에게 익숙한 용어를 담았다. 가족, 신분, 자녀, 학교, 옷, 목욕, 헤어스타일, 장식, 부적, 동성 관계, 부부 관계, 음담패설, 젠더, 직업, 신용, 가난과 부, 재난, 정치, 벤처, 금융업, 비즈니스 협력, 직원 징계, QT, 구별과 어울림, 우상, 박해, 변화, 구제, 예배 등등. 우리 역시 이런 것들과 더불어 산다.

책 뒤에 원서에 없는 '일상어 목록'을 별도로 넣었다. 삶과 신앙이 분리된 오늘날의 기독교 현실에서 소위 종교 언어에 갇힌 편향된 언어를 풀어 주는 일이 시급하다는 꿍꿍이 때문이다. 일상의 회복은 곧 일상어의 회복이기도 하다.

저자 부부를 직접 만난 지 20년이 훌쩍 지났으니 벌써 지난 세기말의 일이다. 팔십 나이의 저자가 '성인용 창작 동화'를 구상하고 부인 린다에게 중간중간 원고를 '제출'하며 동의와 탄성을 기다렸을 조마조마한 모습이 눈에 선하다. 마침내 부인의 눈가에 이는 가벼운 움직임을 감지하고 안도의 한숨을 내쉰 후 둘이 눈을 맞추며 키득거렸을 모습을 생각하니 나도 모르게 쿡 하고 웃음이 난다. 하마터면 도서관에서 쫓겨날 뻔했다.

이미 전편에서도 경험했겠지만, 개인 독서는 물론 소모임에서 돌아가며 낭독하고 토론하기에 안성맞춤이다. 함께하는 공동체의 경험은 덤이다. 함께 읽고 나누고 실천하는 공동체가 이 땅 곳곳에 더 많이 생기기를 희망한다.

이 책은 '예배-일상-선교'로 이어지는 1세기 3부작의 두 번째에 해당한다. 『바울의 공동체 사상』 『교회, 또 하나의 가족』 『하나님이 일하러 가실 때』 『일상생활 속의 그리스도인』과 같은 그의 다른 책에서도 그렇지만, 예배와 일상과 선교는 나누어지지 않는 하나의 전체다.

옮긴이 신현기는 IVP 대표로 일했다. 『기도: 하나님과의 우정』 『어린이를 위한 내 마음 그리스도의 집』 『크리스마스 트롤』(이상 공역), 『모든 사람을 위한 로마서』 『사랑하는 엄마 아빠께』 『살아 있는 교회』 『새로운 청년 사역이 온다』 『영성의 깊은 샘』 『1세기 교회 예배 이야기』 『사랑, 세상에서 가장 위대한』(이상 IVP), 『사회적 하나님』(청림), 『이 사람을 보라』(살림) 및 소책자와 성경 공부 교재 여럿을 번역하였다.

1세기 그리스도인의 하루 이야기

초판 발행_ 2018년 10월 10일
초판 9쇄_ 2021년 1월 19일
2판 발행_ 2021년 6월 15일
2판 4쇄_ 2024년 12월 20일

지은이_ 로버트 뱅크스
옮긴이_ 신현기
펴낸이_ 정모세

펴낸곳_ 한국기독학생회출판부
등록번호_ 제2001-000198호(1978.6.1)
주소_ 04031 서울시 마포구 동교로 156-10
대표 전화_ (02)337-2257 팩스_ (02)337-2258
영업 전화_ (02)338-2282 팩스_ 080-915-1515
홈페이지_ http://www.ivp.co.kr 이메일_ ivp@ivp.co.kr
ISBN 978-89-328-1647-0
ISBN 978-89-328-1841-2(세트)

ⓒ 한국기독학생회출판부 2018

책값은 뒤표지에 있습니다.
무단 전재와 복제를 금합니다.